Cha Han-Su

시인 차한수

사진 김수우

뒤

시인 차한수/ 車漢洙

경남 통영 출생

1977년 『현대시학』으로 등단

시　집: 『신들린 늑대』『손가락 끝마다 내리는 비』『버리세요』『해질 무렵』
『손』『세상에서 제일 작은 손』『날아다니는 나무』『귀가 운다』

시선집: 『새떼, 날아오르다』

평론집: 『비극적 삶과 시적 상상력』『이상화 시연구』『서정의 풍경』

산문집: 『눈물 벼랑』『꽃밭에 말이 있다』

편운문학상 · 봉생문화상 · 윤동주문학상 · 황조근정훈장 · 부산시문화상 수상

일본 구주국제대학 교수 역임

현재 동아대 명예교수, 한국시인협회 자문위원

뒤

지은이 | 차한수

펴낸이 | 설보혜

펴낸곳 | Poetics 시학

1판1쇄 | 2009년 11월 10일

출판등록 | 2003년 4월 3일

주소 | 서울 종로구 명륜동1가 42

전화 | 744-0110

FAX | 3672-2674

값 10,000원

ISBN 978-89-91914-69-8 03810

차한수 시집

뒤

Poetics 시학

■ 시인의 말

물비늘로 빛나는
푸른 날개
하늘하늘 멀어지는 오후

돌담에 기대
서서

정든 암소
돌아보며 돌아보며
재를 넘는 목이 멘 울음

바라보던
그날은
울 줄도 몰랐다.

2009년 10월
운대재云臺齋에서 차한수

차 례

제1부

제2부

제3부

제4부

제5부

제1부

달팽이

내가 걸어온 길은 끈적끈적한 흔적만 남아 있습니다 저 하늘을 날고 싶어도 흔적 없이 날 수가 없으니 오로지 내가 갈 수 있는 곳은 땅바닥이나 습한 바위 같은 그런 곳뿐 가는 곳마다 거품이 말라붙은 그 끈적끈적한 내 흔적을 옥색 하늘이 아픈 샘물로 정하게 지우고 싶습니다

뒤

길을 걷다가 뒬 돌아보다 뒤가 뜨겁다 뜨거운 뒤가 멀다 먼 뒤를 두고 빠른 걸음으로 서둘러도 뒤는 여유 있게 뒤에 있다 오늘은 뒤를 앞세우고 걸었다 뒤가 앞이 되고 앞이 뒤가 되었을 뿐 뒤는 언제나 뒤다

보공補空

아무리 메워도 채울 수가 없습니다

걸어오면서 다지고 다졌는데

빈 곳은 그대로 비어 있습니다

진손 마른손으로 먼 길 돌아

눈부신 실바우 자갈밭에 앉아

눈물도 가슴도 말라 버리고

솔껍질 같은 손등이 텅 비어 있습니다

거미

어지럽다 폐장암肺臟癌으로 회사懷死하는 하늘이 숨이 차다 바다의 식은 창자가 튀어나오고 지구 속으로 빨려 들어가는 산과 강이 빙빙 돈다 마치 퐁퐁 날리는 눈송이처럼 가볍게 소용돌이친다

뽑아 올린 실타래를 물고 가물가물 올라가는 연鳶의 꼬리가 빙빙 돈다 시속 300킬로로 질주하는 고속 전철의 선로 위로 녹아내리는 직선의 날카로운 비명이 빙빙 돈다 어지럽다

보고지고 보고지고

보고지고 보고지고 달을 이고 머리를 깎는다 손톱 발톱을 깎는다 온몸 구석구석에 자라는 털을 깎는다 아무리 깎아도 고개 드는 슬픔을 깎는다 심장에도 털이 난다는데 깎을 수가 없다 발바닥에 털 같은 가시가 돋았는지 꼭꼭 찌르는 땅이 아프다 보고지고 보고지고 달아

별밭
— 거문고 여인

말벌떼가 달려드는 신호음
너드랑 애기담부랑에 익은 산딸기 빛이다

대낮이
와르르 무너지는 어깨여

산갈치

뒷골 곰솔밭에 조롱조롱 열린
아버지의 쑥대머리 가락에
뿌리는 안개비에 젖은 칠석이
멱을 감는 벌거숭이 부자父子의 풀섶에 앉아
떠가는 은하의 강가

세 살 어린 나이로
저승길 떠나는 연도에
배시시 웃는 동자꽃
바람도 나무도 풀도 모두 잠이 드는데

날개를 기다리며

눈을 뜬
날개가
얇게 흔들립니다
꽃들이 모여
꽃을 안고
누워 있습니다
조석으로 걸어간
어머니의 눈웃음
도랑물로 헹구며
가슴으로
팔다리로
먼 길 걸어온
발자국들이
손등에 앉아
저승꽃 핀
꽃밭에서
물소리 같은
눈빛이
그리워집니다

절벽은 언제나

절벽은 언제나 누워 있다
굿니가 검게 일렁이다
무겁게 흔들리는 팔월이 돌아눕다
사선을 그으며 쏟아지는 빗줄기
굽은 허리만 젖다
말라 버린 피부가 구겨지다

하섬에 방목한 수염이 긴 염소 입에 소금을 가득 넣어
숨을 못 쉬게 하는 풍경

동백꽃 뚝뚝 떨어지다

목화밭이다 활짝 핀 목화밭이다
무명옷 입은 아이들이 절벽을 오르다
절벽이 눕다 하얗게 눕다
누운 절벽은 침묵이다

길길이 자란 띠가 춤을 춘다

발목까지 흔들린다
파도의 몸부림이다
절벽은 차라리 불이 되고 싶다

복숭아꽃 펄펄 날리면

빨간 댕기 펄럭이는 자시에 봄비 시름시름 뿌리다
도둑고양이 단속곳에 복숭아꽃 펄펄 날리면
전신의 신음이 골수에까지 파고들다
오금을 펴지 못하는 허리를 씹는 울음아
철썩이는 다리로 걸어가는 돛대는 절망을 모른다

맥박이 푸른 파도의 팔뚝으로
젊은 아침이 눈 뜨는 그 시간

꽃 누드

빨간 꽃이 바다를 물고
이파리 벗어 버린 누드로
목을 축인
뜨거운 회오리

객혈 토하는 산으로 앉아

오늘도 지각이 몸부림치는
기억이 눈뜬다

가려움이 가렵다

가려움이 가렵다 가려움이 가려움끼리 눈물로 웃는다 가슴에 출렁이는 웃음의 한발로 피가 밴 손톱이 절망이다 가려움의 뿔에 나무토막이 웃는다 벽돌 조각이 웃는다 개가 웃는다 지렁이도 웃는다 웃음이 그리운 가려움은 간을 도려내고 손톱을 뽑는 상쾌함을 위하여 눈물을 위하여 가려움을 위하여 웃어야 한다

말미잘 자갈치에 살다

가시밭이다
가시밭에 가시꽃이 만발이다
가시꽃 핀 모래땅에
말미잘 전 펴고 앉았다
수많은 촉수로 전자계산기 두들겨도
적자 흑자는 관심 밖이다
이렇게 모래땅에 뿌리내리고 살고 있으니
이것이 복이로다
고개 들면 철썩이는 바다가 있고
흰 갈매기떼 파도로 춤추고
따뜻한 이웃들과 손잡고
어깨 나란히 촉수 펴고 살고 있으니
이보다 더한 낙원
어디에서 찾겠는가
가시밭에
가시꽃이 만발이다

망막網膜 너머로

망막을 가린 새털구름

목화솜 타는

조모이의 활대로

풀어지는 언덕이 첩첩이다

붉은 안개가 가는

문풍지가 활활 타다

불의 간사한 혓바닥이

널름거리는

망막을 가린 꽃밭으로

쏟아지는 꽃 이파리

날치[飛魚]

칠흑의 어둠입니다
우릉우릉 하늘이 울더니
장대비가 쏟아집니다

오색 날개로
무너지는 파도 밟으며
네게로 가는 길을 찾습니다

뻰쩍뻰쩍 타오르는
눈빛으로 길이 보이다가
이내 지워집니다

안개에 가린
너의 어둠이
날아다니는 나라

네게로 가는 길이
천 리 만 리 된다 해도

한 발 한 발 걸어서
걸어서 가야 합니다

길은 아직

길은 아직 떠나지 않았습니다

백옥 같은 몸뚱이에 전생의 그

오솔길이 보이지 않으니

두근거리는 발목이 저려 옵니다

당사로 엮은 문도 열리지 않으니

어쩌겠습니까

달무리 따라

마음은 저만치 가고 있지만

길은 아직 떠나지 않았습니다

딱정벌레의 수염

폭설은 내리는데
수많은 어깨가 지워지고

길을 마신
바람의 미라는
오천 년이 지난 오늘도
긴 수염 날리는데

뚫린 문구멍 새로 새어드는
차디찬 입술마다

잠이 든
딱정벌레의 유충은
이름이 자란
호롱불을 켜는 꿈꾸다

제2부

풍뎅이같이

꽃이 죽어 별이 되는 꿈꾸다

빨간 입술에 고이는 뜸부기 소리

아비阿比*

아비새는 철 따라 내리는 비를 업고 옵니다 용초도에 비가 내리고 바짓가랑이 젖은 물갈퀴로 짧은 꼬리 흔들면 암갈색 작은 반점이 길바닥에 흩어집니다 밤비 세차게 내릴 때면 목 빼고 물속으로 달려가 고기떼의 파란 길을 막고 여기저기 서성이는 그림자의 피맺힌 멍을 탁탁 쪼아 봅니다

---

* 천연기념물 제227호.

깐챙이

간밤에 싸락눈이 저리 내리더니
들 산이 온통 눈의 천지다
“아이구 칩다 내 새끼”
외손자를 맞는 조모이 얼굴은
만면이 웃음꽃이다
농사일만 하신 그 큰 손으로 내 작은 손을
요리조리 만지시며
이것저것 묻는 게 귀찮기만 했다
주름살로 덮인 눈 깊이
파란 보리밭이 보였다
“조모이 얼굴에는 어째 주름뿐이재”
하고 묻고 싶었지만 꾹 참았다
“아이고 우리 임전이 새끼”
들릴 듯 말 듯 중얼거리며 구들목만 다독인다
매캐한 흙방의 따뜻함에 눈이 감겼다
하얀 꿈이 꿈을 꾸는 꽃밭으로
깐챙이 한 마리가 날고 있었다

득음得音 · 1

대[竹]는 속 비우고 서서

떠돌이별 머리에 이고

미나시로바호湖*에 비친

지렁이의 숨소리를 보았습니다

* 해발 4,300m에 있는 티베트의 신비로운 호수.

선線의 독백

이가 빠진 식칼의 무딘 팔목이
두름콩이 튀는 논둑을 지나
팔차선 고속도로를 뛰어넘어
꿈틀꿈틀 넘어가는 산모롱이에 이르러
잠든 마음의 혈관이
굳어 버린 자정

자정의 푸른 날개가 날아다니는
꿈
낯선 사내들이 둘러앉아
푸른 생선을 굽는 해변을 벗어 버리는
아이라비제강江*의 침묵만
바라보는 눈

---

* 인도에 있는 강.

덫

강이 흐르다가 그대로 선다

들꽃이 만발한 언덕으로
코뿔소와 꽃사슴이 떼를 지어
안개 속으로 걸어간다

마른 풀밭에는
벌거숭이 사내들이 술을 마신다

비에 젖은 길은 빗속에 앉아
가파른 언덕을 지나 깎아지른 절벽 앞에서
뒤를 돌아보다
돌아갈 수 없다는 생각을 한다

서 있던 강이 발밑으로 달려오더니
온몸을 뒤틀며 앉아 버린다

흰 옷을 입은 그림자가
강을 먹어 버린다

언제나 배가 고프다

실컷 먹고 싶다
실컷 마시고 싶다
실컷 하고 싶다
먹고 마시고 하고 나면
배가 아파
오장을 토해 버리고 싶다
토할 곳을 찾아 이리저리 헤매어도
노오란 하늘뿐
땅바닥에 주저앉으면 전신의 힘이
쏟아지고
텅 빈 육신이 미라가 된다
자정의 차디찬 공기가
살아나면
다시
먹고 싶고
마시고 싶고
하고 싶다

달빛이 춥다

생손가락이 욱신욱신 애리다

파랗게 죽어가는 손마디가 물새처럼 울다

피를 토하는 달빛이 춥다

그래도 잊혀지지 않는 널 잊으려 해도

절망을 깎아내는 심장의 고동은 밤을 새우다

생손가락이 욱신욱신 애리는 달빛

달빛이 고여 새겨진 이름 부르며 흐르다

만월滿月

턱이 무너진 해골 웃다

웃음이 털컥털컥 쏟아진다

부옇게 흩어지는 백발의 파문이

모래밭에 삐죽삐죽 섰다가

사방으로 흩어지는 실성한 웃음

어금니 뽀독뽀독 가는 날벼락이

서러운 등을 아무리 따뜻하게

쓰다듬어 주어도

눈물이 나지 않는다

그날

입술이 푸른 정액은 울었다
말라 버린 눈물이 그리워 울었다
아무리 울어도 눈물은 살아날 수 없으니
개꽃 화사하게 핀 등성이
가슴만 두근거리다
이름도 없는 눈물이 살아 있는 포구에서
울음을 가린 갯내를 입은 푸른 정액은
장대비 쏟아지는 모래밭을 걸으며
그날의 울음을 생각했다

천둥소리 울음은
물총새의 보오얀 목털을 간질이고 있었다

고리

내 가슴은 찌그러진 양은 주전자

난장亂杖으로 굳어 버린 상처만 남아 있습니다

때아닌 우박으로 만신창이가 된 꽃잎은

차라리 뼈를 버리지 못한 슬픔으로

타고 드는 상처의 눈치만 바라보고 있습니다

계단의 끝에는

계단의 끝이다

가슴뼈 앙상한

로사의 비좁은 골목길은

숨이 차다

붉은 옷을 입은

악마의 잠이

계단의 끝에 누워

웃다

웃음의 눈이 보이지 않은

서우젯소리*

---

* 신을 즐겁게 하는 놀이.

산길은 오늘도

산길은 오늘도 걸어온 입맛을 돌아보며

가야 할 길을 찾아야 합니다

마른 나무 등걸 안고 졸고 있는 볕의 따뜻함이

그늘을 마시며 숨을 돌릴 때

바다미자발의 더듬이가 눈을 감습니다

호포로 달리는 전철의 꼬리가

긴 구멍 속으로 사라지면 수많은 눈의 숨결은

웅크리고 앉아 있는 입맛이 그리워

숨어 버린 꼬리를 바라보고 있습니다

불

가승이 텅 비다

빈 가슴이 자꾸 무거워지다

빌수록 무거워지는 아픔이 더 무겁다

빈 가슴이 무거운 것은

지워지지 않는 태의 숨결

말라 버린 가슴이 바삭바삭 부서지다

부서지고 싶지 않은 가슴이

부서지는 허무의 빈틈을 채우다

동지팥죽

땅을 토해내는 시뻘건 객혈

툭툭 불거진 눈알이 경련을 하다가

식은땀을 흘리며 솔밭을 걷는다

성운星雲이 흩어진 해변으로

마마를 앓는 바람 한 때 지나다

그림자는

늘 곁에 있는 그림자를 찾고만 있는

그림자는 그림자가 보이지 않는다

오리오역*에서 우라다역까지

늘어서 있는 지렁이의 신열을 밟고 가는

그림자는 그림자에 가려 눈이 어두워진다

* 일본 구주에 있는 역 이름.

제3부

꽃잎 하늘하늘

창계鶬鷄라는 새는

바람만 마시고 산다

황록색 부리로 바람을 쪼면

온몸에 피어나는 안개

안개 속에서 천둥이 불타고

서기가 일면 하얀 솜덩이 같은

그 새는 한 잎 꽃잎으로

하늘하늘 바람이 된다

쑤기미

저실을 칭칭 감은 몰밭에는
양반탈을 쓴 쑤기미의 기침 소리

내장의 찌꺼기를 아무리 토해내도
차오르는 회오리바람
부글부글 끓어오른다

온몸에 쥐가 나고 발가락이 굳어오는
통증은 몰밭에 주저앉아
치엉치엉 엉킨 기침을 한다

아픈 봄은
쌓이고 쌓인 기침을 밟고 온다

연화도 풍경

용의 문신을 한 나비

수평선 위로 날다

붉은 새벽은 굳어 버린 눈물의

빗장을 풀다 캄캄한 밤이

별을 머리에 이고 목이 메다

밤새워 별빛에 취해

울어대는 흑염소의 흐느낌에

억새는 떨고 섰다

샛바람이 몰고 오는 아침이 보인다

어둠이 뜨겁다

어둠이 뜨겁다 어둠 너머로 별 두엇 등이 따갑다 어디서 새소리가 들리다 별빛이 묻어 있다 눈물이 아프다 허기가 난다 어지럽다 지구 밖으로 튀는 별의 꼬리가 타다 바람이 똑똑 부러지다 모두가 흔적이 없다 발가락을 찍고 싶다 눈이 충충하다 뜨거운 어둠은 충혈된 눈으로 발가락을 토막토막 씹다 어둠이 뜨겁다

발목을 삐었습니다

계단을 내려오다 발목을 삐었습니다

삔 발목은 계단을 밟고 서서

어둠 속을 질주하는 급행열차를 바라봅니다

계단을 내려오다 삔 발목이 계단에 서서

밤을 새워도 작은 도랑물은 조잘조잘

흘러만 갑니다 뒤도 돌아보지 않고

천사의 춤
— 하늘소리 찬양대*

첫눈이 내립니다
목이 쉰 건반이 훌쩍입니다

눈 쌓이는 숲이 어깨 저으며
걸어옵니다

어른 아이 할 것이 없이
입과 귀와 눈과 발이 어두워도

천사들의 건반에는
언제나 눈이 내립니다

하늘과 땅을 잇는 하얀 강아지들이
오물오물 바람이 됩니다

작은 새들의 울음도 차욱차욱 쌓입니다

---

* 미문교회 장애인 합창단.

한바탕 폭풍이 지나가더니

다시
목이 쉰 건반이 훌쩍입니다

지옥에는

천상에서 내려오는 한 가닥 거미줄이
웃다 지렁이도 웃다
채송화 제비꽃 앵두꽃이 만발한 꿀벌이 잉잉대는
무지개 입은 옹달샘이
목이 마르다

영원한 굶주림을 마시는 아귀들의 웃음이
떨리는 팔뚝으로 거미줄만 움켜잡다
웃음이 앙상하다
손마디가 하얗게 바래 있다

웃음이 두려운 웃음
가을의 숨결에
천상에서 내려온 한 가닥 거미줄의 웃음에
매달린 팔뚝
거미줄만 움켜잡다

맨발

몽돌이

검게 타는 팔월

뜨거운 발바닥으로

등뼈가 휘인

대낮의 이마로

흘러내리는

신의 눈물

새벽

새벽이 무거운 별
도라산 어깨에 앉아
동트는 향기 숨쉬며
돌아눕다

작은 잎들
눈 감은 채
흙의 심장에 노는 그리움
들여다보다

두근거리는 발바닥으로
전해 오는 체온
눈雪 속
백매白梅 눈트다

사랑이 꽃피는 나무

꽃이 핍니다
한 세상 열리고 있습니다
구름 떠 있는 숲으로
바람이 지나가고
새가 웁니다
새소리 함께 어울려
꽃이 노래합니다
먼 마을 돌아 걸어온 전설
사람들의 웃음소리
꽃으로 살아납니다
마음에 낀 때
말끔히 씻어 버리고
맑고 푸른 하늘 인
사랑이 꽃피는 나무
이웃들의 가슴에
돋아납니다
꽃의 손 마주 잡고
언제나
새봄을 맞이합니다

아버지의 섬

보디갈치 번득이는 비늘처럼

뒤를 돌아보지 않는 길처럼

해변으로 달려가는 청춘가 한 소절

마디마디 갈라지는 쉰 목소리

대서양을 바라보며

— 희망봉에서

희망은 허리가 아프다

허리의 꿈이 거꾸로 서서
떠다니는 정오
펄럭이는 마음은
층암절벽으로 흩어지는 꽃 이파리
땅 흔드는 비바람에
묵묵히 언덕을 지키는 등대
안개비에 묻힌 채 토해내는
순백의 절규여
검푸른 팔뚝으로 몸부림치는
앉은뱅이 풀꽃

희망은 발바닥이 아프다

천남싱이
— 어머니

천남싱이꽃이 피던 봄날

콩물 펄펄 끓는 사랑아

마당귀에 벳불 활활 타오르는

새벽을 들어올리는

다친 팔뚝의 울음 너머로

쌓이는 방아 찧는 소리

점점이 옷을 벗는 꽁보리

천남싱이꽃은 지는데

황산黃山에서

날고 싶다
해가 돋은 상처가
날고 싶다
고깔 쓴 영봉들이
얼굴 마주하고 서서
두 팔 벌리고
달빛 피리 불며
흐트러진 머리카락으로
부르는 손짓
손톱이 찢어지듯
땅을 밟는 발가락이
꽃잎으로
바람의 옷 입은 채
발밑이 망망한
안개의 바다로
날고 싶다

더듬이

앞길이 막막한 더듬이

눈 비비고 아무리 내다보아도

망망한 바람만 앞을 가다

앞뒤가 없는 마음 꼭 쥐면

바알간 빛이 뚝뚝 지다

청사포

청사포에는 날개가 푸른 새가 있다

무지갯빛 울음이 오후로 가는
언덕으로 남풍이 불면
눈썹이 푸른 꽃들이 어깨 나란히 걷고 있다

눈 들면 달려오는 바다의 어깨 위로
피가 밴 비탈길로 수수가 익는 눈물을 돌아보며
청사포는 웃고 있다

청사포에는 날개가 푸른 새가 날고 있다

산은 낙엽을 먹고

개울물이 내려오다가 뒬 돌아본다 다 같이 흐르는 벌레 소리나 까치 소리 흔들리는 포구나무 이파리에 스치는 바람결에 숨이 차다 어금니 아리는 통증이다

별을 먹은 작은 풀씨는 다시 겨울을 먹고 노오란 모과들과 홀홀 떠는 뿌리의 동굴로 내려가면 붉은 별들이 옷 벗고 다가온다

낙엽이
아프게 울다가
나무도 울다가

산은 낙엽을 먹고
뿌리 깊이 내려가면
뜨거운 꽃이 된다

물에 젖은 손끝이
밤길을 걸으면
길은 자꾸만 멀어진다
멀고 먼 발바닥이 멍이 든다

제4부

그대는 아는가

그대는 아는가

눈물은 바다를 밟고 온다는 것을

발자국마다 일어나는 하얀 그림자는

지난날의 젖은 이야기로 남아

바람에 밀리고 있는 것을 보았는가

언제나 가쁜 숨 헐떡이며

떠다니는 작은 물새는 풀피리 같은

노래 한 가닥 남기고

오늘도 노을 깊이 빠지는 발자국 밟으며

가고 있는 날갯짓을

그대는 아는가

이[虱]

비가 내린다

비를 맞으면 이가 생긴다는 목소리가
비를 맞는다
온몸이 근질근질하다
이의 군단이 대이동이다
겨드랑 엉덩이 머리 불두덕 오금으로
살살거리며 풍년가를 부른다
한 방울의 피가 마를 때까지
최후의 일각까지
울음의 찌꺼기까지
앞으로 앞으로
벌어지는 잔치다
비는 계속 내리는데

비를 맞는다

샤갈의 발

계단을 내려가면 끝이 나오는데

가슴 울렁이는 계단의 숨소리가 계단을 오르내린다
발이 없는 층계는 어디로 가야 하는데
숨이 차다 붉은 옷을 입은 악마의 잠이
높은 계단이 누워 있는 끝나지 않은 계단의 끝에
우두커니 서 있다
계단을 오르내리는 숨소리는
다시 계단이 되고 있다

계단을 올라가면 끝이 보이는데

눈물이 울다

발바닥이 울다 발바닥에 방울방울 맺힌 눈물이 울다 눈물로 어두워진 발바닥이 창을 열고 싶다 찬란하게 얼굴 내미는 아침을 위하여 꽁꽁 얼어붙은 눈물방울을 벗어 버리고 싶어 눈물이 울다

중얼중얼

빗방울이 중얼중얼
연인들의 어깨를 잡은 이마가 중얼중얼
춘향이의 창을 덮은 담쟁이 이파리가 중얼중얼
소나기 지난 마당가 두꺼비도 중얼중얼

조용하다
내 눈썹 위로 산길이 중얼중얼

암

빛은 수면에서 꺾인다

보리밭 누런 보리가시

가시의 수면에 자라는 가시

발바닥의 그늘에 앉은

목마름이

눈앞의 캄캄한 배고픔을

이별하기 위하여

심장을 조이는 통증을 마시면

빛이 잠든 수면은

또 하나의 꽃이 된다

살내음

물새는

울음을 밟고 옵니다

그 무심한 울음이

마리아나 해구의

폭풍이

꽁꽁 얼어붙은

혓바닥으로

파도는

하얀 울음을

꼭꼭 씹는데

물새는

울음을

찾아서 갑니다

머나먼 길

꽃송이 하나 하나가
쥐똥나무 꽃잎 하나가 하나가
고개 숙이고 생각했다
보송보송 숨쉬는 언덕으로
걸어가는 눈물을 왜 몰랐을까
길은 걸어도 걸어도
길인데 꽃잎은 길 위에 앉아
그대로 숨을 죽이는 것을

길이 무거워

길이 무거워
떨어지지 않는 발

가고 싶은 길은
제자리에 누워

쏟아져 내린 사태로
흔적 감추다

안개에 가린 안개 춤추다

길은
길 잃어버리고

길이 무거워
떨어지지 않는 발

봄빛으로

실지렁이 가는 목이
하늘을 오르다가
아침안개에 어려 고개 숙이다

파도에 시달리는 모래알 맥박처럼
매화 눈뜨는 연대도 섶을
설설 걸어가는 그리움처럼

실지렁이
영롱한 허리
쭉쭉 펴다

하늘소

하늘소 모여 앉아
은하의 뜨거운 머리카락 마시며
재채기하다

빛다발처럼
갯내 배어 오다

눈부신 얼음 활활 타는
모래의 분화구로 몰려오는 비릿한
웃음

비린내가 걸어간 길엔
비린내만 자고 있다

가자미

초여드레 조금이면

쑥내 묻은 파도 겹겹이 일어납니다

머리 위로 새털구름 눈흘기며

세상 못 본 체 누워 있습니다

정한 모래 뒤집어쓰고 젖은 눈으로

가슴 설레이던 어제를 돌아다봅니다

최후의 만찬을 위해 미라가 된

향긋한 노래의 몸짓이 가물가물 보입니다

아직도 꿀적이 붙은 등에는

푸른 전설이 새겨져 있습니다

돌옷

시간은 어디로 가는지
시간과 시간 사이로 비치는 너의 눈빛이
시간을 잇고 있습니다
거기에는 정한 마음이 고여
큰 호수를 만들어 놓았습니다
호수에 비친 달빛에 가슴이 저려 옵니다
달빛도 손마디 울리며
호수 깊이 또 하나의 호수를 만듭니다
눈 깊이 떠 있는 달이 보입니다
달의 숨소리가 들립니다
숨소리가 가는 시간이 걷고 있습니다
그 길을 따라갑니다

앞으로오 갓

앞으로오 갓 뒤로돌아 갓
어잇 어잇 어잇 어잇

좌향 앞으로오 갓
우향 앞으로오 갓
번호 붙혀어 갓
하나 둘 셋 넷
어잇 어잇 어잇 어잇

걸어간다 손이 걸어간다 발이 걸어간다 잠이 걸어간다
벼엘빛이 밝은 전선의 밤이 걸어갈 때 별안간 잠 같은
눈이 펑펑 쏟아진다

앞으로오 갓 뒤로돌아 갓
어잇 어잇 어잇 어잇

메아리

산의 고막이 떨다

발바닥에 맺힌 물방울로

캄캄한 바다가 고향을 떠날 때

불뭉팅이 한 마리가 길을 잃고

해가 풀리는 갯벌에 앉아 있다

새 눈뜸의 빛을 위해

바람 소리가 들린다
파도 소리가 들린다
하늘이 울고 땅이 흔들린다
산과 물이 어울려 춤을 춘다
모두가 옷 훨훨 벗어 버리고
댕기 조끼 바람에 날리면서
석양은 붉어 새매가 푸른 창공을
날고 있네
가슴에 차오르는 꿈을 위해
파랗게 자라는 보리밭을
밟으며 벅구를 논다
닭이 홰를 친다 목을 뽑고
빛을 부른다
홰치는 소리 첫닭 우는 소리
부옇게 밝아오는 동녘
어둠은 허리를 굽히고
물러서서 땅속으로 스며드는구나
나무들 일제히 일어서서

온몸으로 노래를 부른다
작은 풀들도 팔을 걷고 노래를 부른다
가슴에 맺힌 응어리가 흩어진다
새 눈뜸의 빛이 하늘을 밝힌다
온갖 새들이 모여들어 노래를 부른다
아, 눈부신 시대가 달려오는구나
아득히 길이 보인다
길에게로 달려가서
가슴 열어 놓고 달려보고 싶다
툭 트인 큰 길을 맘껏 달려보고 싶다

제5부

촛불이 흔들린다
— 오귀굿

1

바다는 우리들의 심줄이니
한신들 손을 놓을 수가 없는기라
사시장철 신새벽에 물일 나가
며칠 밤을 뜬눈으로 새워도 고로운 줄 몰랐는데
그날은 운때 좋아 고기떼 만난 부푼 꿈이
산더미 같은 풍낭의 골짜기에 산산이 흩어지고
고만 머리 푼 몽달귀신 되어

긴긴 세월 먹장 같은 눈앞에 수군대는 발자국 소리
뒷산 뻐꾸기 소리
신새벽 보리방아 찧는 바아꾸 소리
우리 아배 구슬픈 육자배기 가락에
탱주꽃 피는 하얀 밤 누렇게 익어가는
보릿고개 등에 업고 바다 밑 칠흑 같은 어둠 속을
정처 없이 떠돌면서 뼈마디로 우는 울음

철썩이는 달빛 바다 되었네

— 수중고혼 육지땅 밟게 하여 시왕세계 보내려고
큰 머리 화관 쓰고 홍치마에 쾌자 입은 승방
짤랑짤랑 방울 울리며 신대 세워 벙거지 쓴 잡귀 물
린다

삼현 육각 시나위 굿거리로 길 잃고 떠도는
수중고혼 반야용선般若龍船 깃발 세워

그리던 마을로 돌아오니 당산 포구나무
이파리가 우두둑 춤을 춘다,

2

하얀 갈베 타고 마을길 접어든다
산도 그대로고

동산에 뜨는 달이 어제와 다름없다
집안으로 들어서며 이리저리 둘러본다
툇마루 안방 도창문이 열려 있고
담쟁이로 얽힌 돌담도 그대론데
손마디가 닳도록 일만 하던 날들이 눈앞에 삼삼하고
벼룩박에 똥칠을 해도 오래오래 살아서
우리 자식들 잘 사는 것 보고잡던

엄니는 어디에 계시는지—
어린 동생들은 어어 백발이 성성하네,

— 승방이 토지 신령에게 혼백이 집에 왔음을 알린다
방안에 제상을 차려놓고 신광주리 혼백식기
실꾸리 시루구멍에 진 풀고 감으면서
큰 머리 쓴 승방이 망안 오귀굿을 하는구나

3

원통하게 죽은 영가 혼을 불러 — 어열신 금일 영가 차례차례 받아

시왕 갈 사람 시왕 가고 극락 갈 이 극락 가고 환생할 이 환생하고—

염불이나 착실히 받아 극락왕생하소서

내가 입던 옷가지를 돗자리로 돌돌 말아
산내끼로 꽁꽁 묶어 마당가에 세워두고
쌀이 담긴 주발을 넣은 솥뚜껑에 영둑을 만들어

집안사람들이 차례대로 잔 받혀 절을 한다

삼태기 같은 가슴이 멍멍하고 몸 둘 곳 몰라
축담만 이리저리 서성이다가
고개 들고 먼 산 바라보니 촛불이 흔들린다,

한지가 타오르고 신대神竿로 물을 찍어

몸을 씻으니 생전의 한과 원이 씻은 듯이 풀리는구나
심장이 살아나고 정신이 밝아 온다
앞산 뒷산에서 뻐꾸기가 저리도 우는데,

4
열어 주자 열어 주자

— 승방이 식칼로 솥뚜껑을 두드리다가 뚜껑을 여니
삼사월 봄별이 찬란하고 탁 트인 하늘이 가슴 열고
다가온다,

— 대나무로 만든 화로 동서남북 중앙을 향해 살을
쏘고
망자의 넋을 담은 신광주리 들고 춤을 춘다,
저승으로 가는 길을 닦아 극락왕생하기를 빌어 준다,

저 길이 내가 갈 길이라 생각하니

어깨가 들썩이고 병신춤이라도 치고 싶다가
귓가에 뱅뱅 도는 그 이름
가슴에 새긴 채로 가야 하니 허기가 지는구나,
양사방에 귀 아프게 흩어지는 나팔소리
붉은 등이 여기저기 껌벅인다
차디찬 바람 한줄기 바늘처럼 지나간다,

5

승방이 조상 청해 제물 바치고 말미굿한다,

“삼국대왕 손님 이태백 손님 남한부근 짐해 짐씨 손님
이순신 손님 치레보소 황금 갑옷 투구 쓰고
부인 손님 치레보소 머리에 지름 얼굴에 분 바르고
맵시 좋게 나오신다,”

— 긴 무명으로 마당 끝까지 길을 만들어 신광주리 혼백식기
망자의 옷을 올려놓고 그 길 따라 오고가길 반복한다,
이렇게 길을 닦아 지화 반야용신 신광주리 사왕침상
태우는 연기 모락모락 하늘로 풀어진다,

6
이제는 안개가 되는 거다

정든 집
정든 길
정든 산 둘러본다,

돌아볼 수도
내다볼 수도 없는 세상

잡을 수 없는 바람이다,

땅이든
하늘이든

땅이고
하늘이다,

가는 거다
그냥 가는 거다

축담에 쌓인
바람 업고

똑딱선 타고
안개가 되는 거다,

※『한국의 굿』(열화당, 1989) 참조.

순정한 욕망이 나아가는 길

장 석 원
(시인 · 문학평론가)

잊을 수 없는 것들이 있다. 영육의 절망을 기록할 수 없다. 모든 것이 불가능하다. 모든 것이 암흑덩어리가 되었다. 내려앉은 하늘의 무게를 잴 수가 없다. 힘겹다고 말할 수가 없다. 눈이 시리다. 이곳에서 변질되는 중이다. 썩어야 한다. 이런 생은 가당치 않다. 분노마저도 사치스럽다. 나는 슬픔 속에서 과거를 돌아본다. 드디어 나는 그것을 잊었으나, 가리워진 그것을 겨우 보기 시작한 것이다. 집착도 절망도 없는 이상한 침묵이 나를 찾아왔다. 여름 낮이다. 어둠은 길 위에 놓여 있고, 고통은 용해되었고, 담뱃재는 위태롭다.

길 위에 선다. 언젠가 걸었던 길이 분명하다. 길이 사람을 붙든다, 사람을 잡는다. 길이 사람을 끌어당긴다. 길이 사람의 발목을 먹는 중이다. 발바닥부터 길에 녹아들었다. 발목까지 빠져들었다. 움직일 수가 없다. 드디어 길과 하나가 되는 순간이 찾아온 것. 그렇게도 원했던 것, 몸과 길이 분간되지 않는 것. 길은 혈관 같은 것이어서, 길은 마음 같은 것이어서, 움직이지 않는 자에게는 보이지 않는다. 지나온 모든 길이 피에 녹아 있고, 가야 할 모든 길 또한 이미 내 피가 머금고 있다. 지금 이 순간, 나는 길에 녹아들고 있다. 나는 길이다.

시인이 말한다. 나는 무엇을 했나, 나는 지금 무엇을 하고 있나. 내일 나는 다시 반복될까. 형체 없이 두려움이 엄습한다. 나는 기록되지 않을 것이다. 나는 지워질 것이다. 나는 거세되었는지도 모른다. 내가 기술하는, 내가 받아 적는 나는 온통 거짓일지도 모른다. 나는 도대체 어떻게 기획되었는가. 나는 무엇 때문에 태어났는가. 아직 알 수 없는 것들이 많다. 길 위에서 나는 갈등하고 회의한다. 어디까지 갈 수 있을까. 끝을 보고 싶다. 나의 모든 것을 당신이 알고 있다. 당신은 나를 아는가. 당신은 나를 기록하는가. 나는 당신을 기억한다. 과거의 당신을 완벽하게 재현한다. 길 위에 선 시인의 노래. 해맑은, 공명이 깊은, 흰 노래. 먼 길을 다시 떠나는 시인의 노래.

결국 길 끝에서 죽음과 만날 것입니다. 나는 당신이 아름답다고 했고, 당신은 나에게 생이 아름답다고 했지요. 사람이 지닌 언어의 아름다움, 사람의 몸에 깃든 길의 아름다움. 그것에 숨막혀 나는 최초의 순간으로 돌아가도 좋을 듯합니다. 그것이 사랑으로 귀환하는 것이겠지요. 나는 나아갈 것입니다. 당신 때문에, 당신 때문에 나는 죽지 않을 것입니다. 영원한 사랑 앞에 서 있습니다. 견딜 수 있습니다. 이 생이 환상이라고 해도, 허위라고 해도 좋습니다. 어떻게 하겠어요. 돌아갈 수 없어요.

1. 발목과 발바닥

돌아갈 수 없는 시인이 있다. 그는 "꽃잎/ 하늘하늘 멀어지는" '그날' 의 오후를 명징하게 기억한다. 그날은 시인의 기억에서 사라지지 않을 것이다. 시인은 정든 그곳의 '돌담' 에 다시는 기댈 수가 없다. '시인의 말' 에서 시인은 "돌담에 기대/ 서서// 정든 암소/ 돌아보며 돌아보며/ 재를 넘는 목이 멘 울음// 바라보던/ 그날은/ 울 줄도 몰랐다" 고 담담하게 말한다. 시인에게 묻는다. 당신의 '그날' 은 어떤 날이며, 당신은 '그날' 왜 울지 못했느냐고. 시인이 대답한다.

아무리 메워도 채울 수가 없습니다

걸어오면서 다지고 다졌는데

빈 곳은 그대로 비어 있습니다

진손 마른손으로 먼 길 돌아

눈부신 실바우 자갈밭에 앉아

눈물도 가슴도 말라 버리고

솔껍질 같은 손등이 텅 비어 있습니다

—「보공補空」 전문

기억의 틈새를 메울 수가 없다. 과거는 입 벌린 채 시인의 기억을 빨아들인다. 소거된 기억을 되살리기 위해 애를 쓰지만, 시인에게 남겨진 것은 '텅 비어' 버린, "눈물도 가슴도 말라 버"린 "빈 곳"뿐이다. 문득 지나온 생을 떠올려보지만, 사라져간 모든 것들을 부각시키는 검은 구멍만이 선명해질 뿐이다. "걸어오면서 다지고 다졌는데" 구멍이 사라지지 않는다. "빈 곳은 그대로 비어 있"다. 시인은 구멍을 메우고 싶어 한다. 그 함몰된 생을 채울 수 없다는 시인의 선언과 "솔껍질 같은 손등이 텅 비어 있"다는 사실의 확인이 극명하게 대비된다. 시인의 절실함이 첫 연과 마지막 연 사이에서 메아리친다. 시인이 찾아낸 구멍, 시간의 아가리 안으로 들어간다.

눈을 뜬
날개가
얇게 흔들립니다
꽃들이 모여
꽃을 안고

누워 있습니다
조석으로 걸어간
어머니의 눈웃음
도랑물로 헹구며
가슴으로
팔다리로
먼 길 걸어온
발자국들이
손등에 앉아
저승꽃 핀
꽃밭에서
물소리 같은
눈빛이
그리워집니다

—「날개를 기다리며」 전문

사물의 경계가 흐려졌다. 가벼운 오수 속으로 들어왔다. 실눈을 뜨고 바라본다. 눈꺼풀이 파르르 떨린다. 얇은 막이 쳐진 듯하다. 곤충의 투명한 날개가 보인다. 가벼운 것들, 보이지 않는 것들, 만져지지 않는 것들이 눈앞에 드러난다. 환몽幻夢 같은 오후에 시인은 "꽃들이 모여/ 꽃을 안고/ 누워 있"는 모습을 발견한다. 이 꽃의 이름과 색깔은 무엇일까. 지천으로 피어 있는 꽃을 바라보며 시인은 "어머니의 눈웃음"을 떠올린다. 어머니의 웃음을 마음에 담고 시인은 "가슴으로/ 팔다리로/ 먼 길" 걸어왔다. 뒤돌아보자 "걸어온/ 발자국들이" 손등에 찍혀 있다. 발자국과 검버섯. 이력 같은 발자국이 몸에 새겨져 있다. 살아갈 시간보다 살아온 세월이 많다. 죽음이 가깝다. 흐릿했던 시야가 밝아진다. 살펴보니 시인 앞에 피어 있는 꽃들은 저승꽃. 꽃밭 앞에서 시인은 어머니의 "물소리 같은/ 눈빛"이 그리워진다. 시인은 꽃밭 위로 가볍게 날아오르는 한 마리 벌레를 꿈꾼다. 시인이 느낀 그리움의 무게가 그러할 것이다. 이승을 떠나 저승에 도착하는 순간이 멀지 않았다. 시인은 죽음의 무게를 박막의 떨림으로 표현한다. 얇고 투명한 "날개를 기다리"는 시인은 저승꽃밭 앞에서 죽음에 대한 두려움을 극복한다. 저 꽃밭에서 이미 가신 어머니가 시인을 기다린다. 어머니의 해맑은 미소를 그곳에서 다시 볼 수 있다는 것을 시인은 잘 안다. 저곳에의 당도를 받아들이는 것, 이곳의 소멸 또한 두려워하지 않는 것, 이것이 생이라는 것을 차한수는 인정한다.

가슴이 텅 비다

빈 가슴이 자꾸 무거워지다

빌수록 무거워지는 아픔이 더 무겁다

빈 가슴이 무거운 것은

지워지지 않는 태의 숨결

말라 버린 가슴이 바삭바삭 부서지다

부서지고 싶지 않은 가슴이

부서지는 허무의 빈틈을 채우다

—「불」 전문

시인이 해야 하는 일은 지나온 저 세월을 '보공' 하는 것. 그는 이제 "부서지는 허무의 빈틈을 채우" 기 위해 나아간다. "빈 가슴이 자꾸 무거워지" 지만, "빌수록 무거워지는 아픔" 이 두렵지만, "말라 버린 가슴이 바삭바삭 부서지" 지만 시인은 마음의 '불' 을 준비하려 한다.

이번 시집에서 시인을 앞으로 나아가게 하는, 존재를 이곳에서 저곳으로 옮겨놓는 주동적 동인으로 제시되는 것은 발이다. 차한수의 발은 발목과 발바닥과 발가락을 아우른다. 한 사람의 모든 무게를 지탱하며 생의 길을 걷게 만드는 발. 시인이 '발' 이라는 특정 신체 부위에 집중하는 양상은 이렇다.

> 오솔길이 보이지 않으니/ 두근거리는 발목이 저려 옵니다(「길은 아직」)
> 길이 무거워/ 떨어지지 않는 발(「길이 무거워」)
> 모두가 흔적이 없다 발가락을 찍고 싶다(「어둠이 뜨겁다」)
> 삔 발목은 계단을 밟고 서서(「발목을 삐었습니다」)
> 뜨거운 발바닥으로/ 등뼈가 휘인(「맨발」)
> 두근거리는 발바닥으로(「새벽」)
> 희망은 발바닥이 아프다(「대서양을 바라보며」)
> 땅을 밟는 발가락이/ 꽃잎으로/ 바람의 옷 입은 채(「황산에서」)

멀고 먼 발바닥이 멍이 든다(「산은 낙엽을 먹고」)
발이 없는 층계는 어디로 가야 하는데(「샤갈의 발」)
발바닥이 울다 발바닥에 방울방울 맺힌 눈물이 울다(「눈물이 울다」)
발바닥의 그늘에 앉은/ 목마름이(「암」)

2. 밟다

이길 수 없는 것이 있다. 잔잔한 슬픔의 피막을 두르고 시인이 말한다. 나는 긴 길을 돌아왔다. 삶이, 생이 나를 이곳으로 몰아왔다. 나는 흔들렸고, 쫓겼고, 아팠다. 큰 사랑과 깊은 환멸의 소용돌이 속에서 나는 무엇을 보았을까. 빼앗긴 힘을 다시 찾을 수 있게 된 이유. 슬픔의 근원을 조금 더 깊게 들여다보게 된 것.

차한수는 "아무리 깎아도 고개 드는 슬픔"을 "깎을 수가 없다"고 고백한다. "발바닥에 털 같은 가시가 돋았는지 꼭꼭 찌르는 땅이 아프다"며 자신이 겪는 통증을 숨기지 않는다. 슬픔의 힘은 강하고, 엄습한 슬픔은 시인을 압도한다. 슬픔 앞의 시인은 "걸어가는 눈물"(「머나먼 길」)을 바라본다.

시인이 자신에게 말한다. 다른 세계로 가기 위해, 다른 입구로 나가기 위해 노력해야 한다. 내가 사용하는 언어들이 부끄럽다. 나는 얼마나 많은 슬픔과 고통을 겪었는가. 나는 어떻게 기록될 것인가. 나의 슬픔을 기록하고 싶다. 나는 많은 혼란에 시달렸다. 긴 착각이었다.

꽃이 죽어 별이 되는 꿈꾸다

빨간 입술에 고이는 뜸부기 소리

—「풍뎅이같이」 전문

시인이 목도한 명징한 것, 지워지지 않는 것, 낙인처럼 남겨진 것은 입술에 고여 있는 '뜸부기 소리' 뿐이다. 시인은 꿈속에서 죽어 별이 되는 꽃을 봤다. 시인의 욕망이 투영된 것이라고 이해해도 무방할 것이다. 꽃의 입술에 뜸부기 울음소리 와 닿는다. 시인이 뜸부기가 되어 우는 것일지도 모른다. 이미지의 선명도는 높고, 언술된 언어는 적고, 드러난 의도는 희미하다. 어찌 다설이 필요하겠는가. 살아온 생을 회억하는데 무엇이 필요하겠는가. 옛날 나는 빨간 입술을 지닌 꽃이었다. 꽃은 죽어 별이 될 것이다. 그것이 환상이라 해도, 이룰 수 없는 헛된 욕망이라 해도 좋다. 빨간 꽃이 있었다. 그 입술에 뜸부기 소리 고여 있었고, 그 소리가 지금 나의 귀에 들려오고 있다. 모든 것이 살아 있다.

아픈 봄은/ 쌓이고 쌓인 기침을 밟고 온다(「쑤기미」)

늘어서 있는 지렁이의 신열을 밟고 가는/ 그림자는 그림자에 가려 눈이 어두워진다(「그림자는」)

물새는/ 울음을 밟고 옵니다(「살내음」)

동사 '밟다'는 목적어를 동반한다. 밟는 자와 밟히는 자가 공존한다. 차한수에게 밟히는 것은 살아 있다는 것의 증거가 된다. 봄은 밭은기침을 하는 나의 몸을 밟고 온다. 그림자는 땅바닥에 뒹구는 지렁이의 몸을 밟고 지나간다. 물새는 누군가의 울음을 밟고 온다. 나는 밟힌다. 나는 어떤 움직임이 있었다는 것을 밟혔기에 인지한다. 내가 밟혀야 세계는 인지의 무대가 된다. 밟히지 않으면 내가 없다. 밟는 자와 밟히는 자의 상호 연쇄 관계의 역동성을 차한수는 발견한다. 밟는 발이 차한수의 이번 시집에 초점이 되는 이유도 여기에 있을 것이다. 밟히는 몸이 감지한 지울 수 없는 감각의 확실성은 노년의 시인이 겪고 있는 생의 회한을 강렬하게 표징한다.

그대는 아는가

눈물은 바다를 밟고 온다는 것을

발자국마다 일어나는 하얀 그림자는

지난날의 젖은 이야기로 남아

바람에 밀리고 있는 것을 보았는가

언제나 가쁜 숨 헐떡이며

떠다니는 작은 물새는 풀피리 같은

노래 한 가닥 남기고

오늘도 노을 깊이 빠지는 발자국 밟으며

가고 있는 날갯짓을

그대는 아는가

—「그대는 아는가」 전문

나는 지금 바다를 바라보고 있다. 하얀 포말 부서지는 파도. 파도를 몰고 오는 바람 앞에 나는 서 있다. 눈물이 흘러내린다. 이 바다에 눈물을 흘리기 위해 돌아온 듯하다. 지나온 길 위의 발자국들이 떠오른다. 파도의 거품, 물주름 같은 저 파도의 수효가 나의 발자국처럼 느껴진다. 나의 "발자국마다 일어나는 하얀 그림자"가 나를 쳐다본다. 이것이 생의 기록이냐고, 이것이 생의 남겨진 흔적이냐고 발자국들이 묻는다. "지난날의 젖은 이야기"가 들려온다. 해조음을 밀어오는 바람 너머로 지난날들이 얼비친다. 파도 위 바람 속 "작은 물새"가 "풀피리 같은// 노래 한 가닥 남기고" 사라졌다. 그 새처럼 나 역시 "언제나 가쁜 숨 헐떡이며" 생의 바다 위를 떠다녔다. 그것이 인생이었다. 내가 남겨놓은 것이 물새의 노래 한 가닥 같은 것이었을까. 나는 물새처럼 노래 한 가닥 남기기는 했던가. 물새가 노을 속으로 날아간다. 나를 떠난 것이다. 물새는 "오늘도 노을 깊이 빠지는 발자국"을 남겨 놓는다. 새가 노을에 남겨 놓은 발자국 위에 나의 발자국을 겹쳐 놓는다. 나도 저곳으로 떠날 것이다. 곧 저 노을에 당도할 것이다. 노을에 찍힌 새의 발자국, 노을에 박힌 새의 날갯짓. 새에게 밟는 것은 곧 비행하는 것.

나는 슬픔에 젖어 상심에 젖어 나를 잊었고 나를 버렸다. 이제 눈을 뜬다. 아무 곳도 쳐다보지 않을 것이다. 나는 눈을 감은 채 내 안으로 말려든다. 나만을 응시하며, 다른 것들을 내부로 끌어들이며, 천천히 사라질 것이다. 다만 스스로를 처단할 수 있을 뿐이다. 당신도 죽지 않는다. 나도 죽지 않는다. 죽음은 실현되지 않을 것이다. 낮은 파도 소리, 반복된다. 나는 반복될 뿐이다. 무한히 반복될 것이다. 지금, 여기 그리고 내일 무한히 반복되면서 나는 걸어갈 것이다. 무한한 운동의 궤적이 될 것이다. 내 언어는 그렇게 남겨질 것이다, 날아갈 것이다, 밟고 걸어갈 것이다.

3. 길

가야 할 길을 잃어버린 시인이 있다. 생의 근원을 찾아갈 수 없어 기면증으로 길을 거부하던 영화 「아이다호」의 주인공처럼. 시인에게 길은 과거의 증표이자 현재의 상징이며 미래의 전조이다. 길을 거부할 수도 없고, 지울 수도 없고, 길에서 벗어날 수도 없다. 그것이 운명이다. 길에 갇히고, 길에 붙들리고, 길에 포박되어 시인은 멈추어 섰다. 그리고 과거를 돌이켜본다.

보디칼치 번득이는 비늘처럼

뒤를 돌아보지 않는 길처럼

해변으로 달려가는 청춘가 한 소절

마디마디 갈라지는 쉰 목소리

—「아버지의 섬」 전문

아버지의 섬에서 듣게 된, 환청 같은, 목소리 한 줄기. 그것이 비늘처럼 번쩍인다. 뒤로 돌아가지 못하는, 지나온 길처럼, "청춘가 한 소절" 들려온다. 돌아갈 수 없다는 것을 시인은 잘 안다. 이미 사라졌기에, 다시는 들을 수 없기에 아버지의 청춘가는 소멸된 시간, 파괴된 과거에서 지금의 여기로 건너올 수가 없다. 시인은 아버지의 목소리와 노래를 기억하고 있다. 이미지는 죽지 않는 것이어서, 기억할 때마다, 기억의 고통을 뚫고 살아 피어오른다. 그곳으로 돌아갈 길이 보이지만, 그곳으로 돌아갈 수 없다. 물리적인 길과 심리적인 길. 두 대상의 괴리를 증명하듯 "마디마디 갈라지는" 아버지의 "쉰 목소리"만이 선명하다. 시인의 목소리가 들려온다.

지나온 모든 길을 기억하고 싶다. 그 모든 길들이 내 안에 흘러 들어와 있는지도 모르겠다. 내가 아는 것, 내가 믿는 것, 내가 사랑하는 것, 내가 희망하는 것이 얼마나 무모한 것인지. 앓듯이 닳아간다. 마모된다. 과거가 나를 침탈한다, 벤다, 출혈시킨다. 다스릴 수 없는 것들이 너무 많다. 아무도 없는 백색 공간에서 길을 잃었다.

꽃송이 하나 하나가
쥐똥나무 꽃잎 하나가 하나가
고개 숙이고 생각했다
보송보송 숨쉬는 언덕으로
걸어가는 눈물을 왜 몰랐을까
길은 걸어도 걸어도
길인데 꽃잎은 길 위에 앉아
그대로 숨을 죽이는 것을

—「머나먼 길」 전문

시인은 자신이 쥐똥나무의 꽃이라고 말한다. 꽃잎 하나가 "고개 숙이고" 지나온 생을 돌이켜본다. 가야 할 길을 눈앞에 두고 잠시 생각해 본다. "걸어도 걸어도" 길의 끝이 보이지 않는다. 꽃잎이 길 위에 내려앉아 "그대로 숨을 죽이는 것"을 시인이 발견한다. 지금, 이 자리에서 다른 생을 맞이하는 꽃잎. 결국 길은 죽음에 이르러야 끝이 날 것이다. 우리는 죽기 위해 사는 것이다. 시인은 "보송보송 숨쉬는 언덕"을 왜 몰랐을까. 눈물은 왜 그 언덕으로 "걸어가는" 것일까. 피할 수 없는 죽음을 두려워한다 해서 무엇이 달라지겠는가. 순응할 수밖에 없다. 시인은 꽃과 꽃의 눈물이 돌아간 '언덕'을 가던 길 멈추어 서서 다시 바라본다. 죽음의 다른 이름인 언덕 — 마치 무덤 같은 — 을 시인은 아무런 두려움 없이 인식한다. '보송보송' 숨쉬는 죽음 속에 깃든 새 삶의 기운을 느낀다. 차한수에게는 죽음도 삶의 다른 이름이다. 죽음 너머의 생이 보인다. 죽음도 생의 한 과정임을, 죽음 이후의 새로운 생이 기다린다는 것을 시인은 받아들인다. 이것이 없었다면 차한수의 생사를 초월한 듯한 감정 없는 어조는 시적 발화로 표현되기 어려웠을 것이다.

길이 무거워
떨어지지 않는 발

가고 싶은 길은
제자리에 누워

쏟아져 내린 사태로
흔적 감추다

안개에 가린 안개 춤추다

길은
길 잃어버리고

길이 무거워
떨어지지 않는 발

—「길이 무거워」 전문

발이 흡반처럼 길에 달라붙었다. 발에 부착된 길, 그 길의 무거움을 시인은 느낀다. 길은 "가고 싶"어 하지만, 무거워서 갈 수가 없다. 길이 "제자리에 누워"버렸다. 길이 길의 "쏟아져 내린 사태"에 묻히고, "흔적 감추"어 보이지 않는다. 길 위의 안개조차 "안개에 가" 리워 버린 상태이다. "길은/ 길 잃어 버리고", 안개는 안개에 먹혔다. 길이 길에 의해 소거되고, 안개가 안개에 의해 부정되는 상황이 펼쳐진다. 차한수는 길 위에서 길이 사라지는 것을 목격한다. 주체가 주체에 의해 지워지는 상황에 직면한다.[1] 길이 길을 잃고, 안개가 안개를 지우는 자기 부정 상황에서 시인은 길과 발이 합체된 듯한 착각에 빠진다. 나는 움직이는 길이다. 길이 나를 끊임없이 몰아 이곳으로 데려왔다. 그런데 이곳에서 길과 발이, 길과 내가 하나가 되어 분간되지 않는다, 분리되지 않는다. 길이 나를 지우고, 내가 길과 하나되는 단계에 이른 것이다. 길은 시인이 살아왔던 세월이다. 길이 곧 시인의 육체이다.

시간은 어디로 가는지
시간과 시간 사이로 비치는 너의 눈빛이
시간을 잇고 있습니다
거기에는 정한 마음이 고여
큰 호수를 만들어 놓았습니다
호수에 비친 달빛에 가슴이 저려 옵니다
달빛도 손마디 울리며
호수 깊이 또 하나의 호수를 만듭니다
눈 깊이 떠 있는 달이 보입니다
달의 숨소리가 들립니다

---

1) 「그림자는」에서도 주체의 자기 부정을 볼 수 있다. "그림자는 그림자가 보이지 않는다/ (…)/ 그림자는 그림자에 가려 눈이 어두워진다"

숨소리가 가는 시간이 걷고 있습니다
그 길을 따라갑니다

—「돌옷」 전문

길이 움직인다. 길 위의 시인도 움직인다. 시인이 다시 길을 떠나면서 부르는 노래를 듣는다. 시간은 지금 어디로 흘러가는 것인가. "시간과 시간 사이로 비치는 너의 눈빛"을 시인은 바라본다. 달은 지나온 시간과 지나갈 시간 사이에 밝게 떠 있다. 달이 영원한 현재를 "잇고 있"다. 지나간 시간과 지나갈 시간이 달 속에 공존한다. 달을 바라보는 사람들의 "정한 마음이 고여/ 큰 호수" 하나가 생겼다. 둥근 달이라는 둥근 호수, 시간의 호수가 휘영청 하늘에 걸려 있다. 지상에도 호수 하나 고여 있다. 그 호수에 "비친 달빛에 가슴이 저려" 온다고 시인이 말한다. 달빛을 바라보는 시인, 시인의 얼굴에 일렁이는 물빛과 달빛, 시인의 눈동자에 얼비친 시간의 그림자 속으로 "또 하나의 호수"가 보인다. 호수와 시인의 눈동자가 겹쳐진다. 그 사이로 달빛이 환하다. 달빛 가득 일렁이는 호수, 시인의 눈동자 속 "깊이 떠 있는 달이 보"인다. 시인의 눈동자 호수를 저어가는 "달의 숨소리가 들"리는 듯하다. 시간은 흘러가고, 달은 움직이고, 시인은 점점 깊어가는 밤 속으로 젖어들어간다. 시인의 숨소리가 들리는가. 달이 움직이는 소리도 들을 수 있는가. 호수면에 닿은 달빛의 젖는 소리가 들리는가. "숨소리가 가"는다. 가는 숨소리가 들린다. 시간이 시간의 길을 걷는다. 시간은 흘러가고, 달은 밤하늘을 운행하고, 시인은 숨을 쉰다. 시간이 달과 시인을 잇는다. 숨소리가 영롱한 달빛 한 올을 튕긴다. 시인이 달의 길, 시간의 길에 서 있다. 차한수는 말한다. "그 길을 따라갑니다"라고 낮게 읊조린다.

차한수가 도착할 곳은 어디일까. 우리가 알고 있는 곳이겠지만, 차한수는 목적지를 말하지 않는다. 결코 말하지 않을 것이다. 달이 저무는 곳, 그곳으로 시인은 걸어갈 뿐이다. 내일 달은 다시 떠오를 것이고, 생은 사위었다 다시 시작되는 과정을 끝없이 반복할 것이다.

4. 긍정 그리고 새 출발

가야 할 길이 있고, 멈추어 선 시인이 있다. 다시 길 앞에 서서 먼 곳을 바라보는 시인이 있다. 나는 덜그럭거리며, 부서진 자동차처럼 삐걱거린다. 이곳은 난파지. 이곳은 유형의 땅. 모든 것이 끝난 것 같은, 모든 것이 제 갈 길로 가고 나만 남겨 둔 듯한 이 난파감. 시간이 없어진 듯하다. 기억을 상실한 것 같다. 노래가 끝난 것 같다. 이 정적 속에서 나는 나의 피를 본다.

> 생손가락이 욱신욱신 애리다
>
> 파랗게 죽어가는 손마디가 물새처럼 울다

피를 토하는 달빛이 춥다

그래도 잊혀지지 않는 널 잊으려 해도

절망을 깎아내는 심장의 고동은 밤을 새우다

—「달빛이 춥다」 부분

긴 고통의 끝에서 나는 다시 붉은 핏덩이 같은 생명을 본다. "눈 비비고 아무리 내다보아도// 망망한 바람만 앞을 가"는 현실이지만, "앞뒤가 없는 마음 꼭 쥐면// 바알간 빛이 뚝뚝 지"(「더듬이」)는 것이다. 도망칠 수 없지 않은가. 길이 길을 끌고 걸어간다. 길이 나였다. 길이 나의 몸이었다. 이 길을 다시 걸어가야 한다. 더 집중하고, 더 해소하고, 더 너그러워져야 한다. 고착되어서는 안된다. 나의 길을 가고 싶다. 그렇게 하여 더 깊게 사랑하고 싶다. 망상에서 벗어나고 싶다. 확인할 것은, 결국, 내가 얼마나 생을 사랑하는가이다. 확인하지 않겠다. 확인되지 않는다. 어떻게 그 사랑을 이룰 수 있을까. 다시 나아가야 한다. 한 발 더 내디뎌야 한다. 길이 보인다.

땅을 토해내는 시뻘건 객혈

툭툭 불거진 눈알이 경련을 하다가

식은땀을 흘리며 솔밭을 걷는다

성운이 흩어진 해변으로

마마를 앓는 바람 한 떼 지나다

—「동지팥죽」 전문

차한수가 보여 주는 견딤의 한 장면이다. 이 인내가 차한수의 힘이다. 안은 뜨겁고 겉은 냉기 서린 시인의 초상화를 본다. 고통을 참아내면서 끝없는 길을 걸었던 시인의 맨얼굴을 목도한다. 이 고통의 강도가 없었다면 시인은 시를 쓰지 못했을 것이고, 시인은 과거에 패배했을 것이고, 시인은 생의 어둠 속에서 부서지고 말았을 것이다. "마마를 앓는 바람 한 떼 지"났을 뿐이다. 더 크고 더 어려운 생이 나를 기다린다 해도 두렵지 않다. 걷고 걸어 더 멀리 갈 뿐이다.

칠흑의 어둠입니다
우릉우릉 하늘이 울더니
장대비가 쏟아집니다

오색 날개로
무너지는 파도 밟으며
네게로 가는 길을 찾습니다

뻰쩍뻰쩍 타오르는
눈빛으로 길이 보이다가
이내 지워집니다

안개에 가린

너의 어둠이
날아다니는 나라

네게로 가는 길이
천 리 만 리 된다 해도
한 발 한 발 걸어서
걸어서 가야 합니다

—「날치[飛魚]」 전문

이것이 차한수가 길을 나아가는 방법이다. "한 발 한 발 걸어서/ 걸어서 가"고 있는 시인을 본다. 지나온 모든 길이 이미 차한수의 몸속에서 사라진다. 걸어가야 할 길이 시인의 몸과 하나가 되어 안으로 흘러들었다가 밖으로 흘러나간다. "뻔쩍뻔쩍 타오르는/ 눈빛으로 길이 보이다가/ 이내 지워"지지만 길이 시인의 몸이 되었고, 시인의 몸이 길이 되었다. 시간이 시인의 몸을 통과한다. 시인은 지나간 시간의 몸을 기록한다. 시간과 길이, 길과 시인이 합체되었다. 하나가 된 몸의 언어를 듣는다.

실컷 먹고 싶다
실컷 마시고 싶다
실컷 하고 싶다
먹고 마시고 하고 나면
배가 아파
오장을 토해 버리고 싶다
토할 곳을 찾아 이리저리 헤매어도

노오란 하늘뿐
땅바닥에 주저앉으면 전신의 힘이
쏟아지고
텅 빈 육신이 미라가 된다
자정의 차디찬 공기가
살아나면
다시
먹고 싶고
마시고 싶고
하고 싶다

—「언제나 배가 고프다」 전문

과격하고 솔직하다. 우리 모두 '실컷 먹고 마시고 하고 싶다.' 직설로 이루어진 이 시의 힘은 솔직함에서 기인한다. 시간이 육체를 고치고 구부리고 찢고 뭉개기 전에, 그냥 '먹고 싶다, 마시고 싶다, 하고 싶다' 고 말하는 솔직함이 몸의 바람을 올곧게 담아낸다. 실컷 먹고, 마시고, 하고 나면 "노오란 하늘뿐" 이라서 "텅 빈 육신이 미라" 가 된다 해도 살아 있는 몸이, 살고 싶은 몸이 다시 먹고 마시고 하는 일을 막을 수는 없다. 살아 있기 때문에, 더 살기 위해서 다시 먹고 마신다. 먹어야 하고, 마셔야 하고, 실컷 해야 한다. 이것은 욕정도 아니고, 추악한 발광도 아니다. 먹고 마시고 하는 일이 사는 일이다. 더 하고 싶고, 더 마시고 싶고, 더 먹고 싶어 하는 몸의 바람을 '실컷' 에 싣고 있는 시인의 말이 모든 윤리와 관념을 무력화시킨다. 우리는 죽음에서 벗어날 수 없다. '다시' 와

'실컷' 을 욕망하는 이 노골적인 시가 리얼하게 읽히는 이유이다. 사라질 미래의 몸과, 하고 싶어 하는 현재의 몸이 격렬하게 싸움을 벌인다. 먹기, 마시기, 하기를 원하는 현재의 몸 앞에는 미래도 과거도 없다. 욕망하는 몸과 시간의 싸움에는 끝이 없다. 영원히 반복될 뿐이다. 정지가 없는 겨룸의 순간에 번득이는 이 '동물성' 은 그래서 뜨겁고 아름답다. 고요를 뚫고 나오는 욕망이 있다. 그리고 끝을 거부하고 죽음을 부정하는 차한수의 '욕망하는 몸' 을 본다.

시집의 마지막에서, 길 위에서, 차한수는 새로운 출발을 다짐하는 격정의 노래를 부른다. 다시 '아득한 길' 을 바라본다. 그리고 "맘껏 달려" 나간다. 이제 이 시인의 새로운 길이 열렸다. 다음 시를 향한 멈춤 없는 질주가 시작된 것이다.

> 바람 소리가 들린다
> 파도 소리가 들린다
> 하늘이 울고 땅이 흔들린다
> 산과 물이 어울려 춤을 춘다
> 모두가 옷 훨훨 벗어 버리고
> 댕기 조끼 바람에 날리면서
> 석양은 붉어 새매가 푸른 창공을
> 날고 있네
> (…)
> 나무들 일제히 일어서서
> 온몸으로 노래를 부른다
> 작은 풀들도 팔을 걷고 노래를 부른다

가슴에 맺힌 응어리가 흩어진다
새 눈뜸의 빛이 하늘을 밝힌다
온갖 새들이 모여들어 노래를 부른다
아, 눈부신 시대가 달려오는구나
아득히 길이 보인다
길에게로 달려가서
가슴 열어 놓고 달려보고 싶다
툭 트인 큰 길을 맘껏 달려보고 싶다

—「새 눈뜸의 빛을 위해」 부분